AF370214

AQUARELLES

PAR

LOUIS ET ALEX. FRANCIA

ET

TABLEAUX MODERNES

— ✳ —

VENTE

HOTEL DROUOT, SALLE N° 1

Le Jeudi 27 Avril 1876

A DEUX HEURES ET DEMIE

EXPOSITIONS

PARTICULIÈRE	PUBLIQUE
Le Mardi 25 Avril 1876	Le Mercredi 26 Avril 1876

Mᵉ ESCRIBE	M. HARO ✳
COMMISSAIRE - PRISEUR	PEINTRE - EXPERT
6, rue de Hanovre	14 rue Visconti, et rue Bonaparte, 20

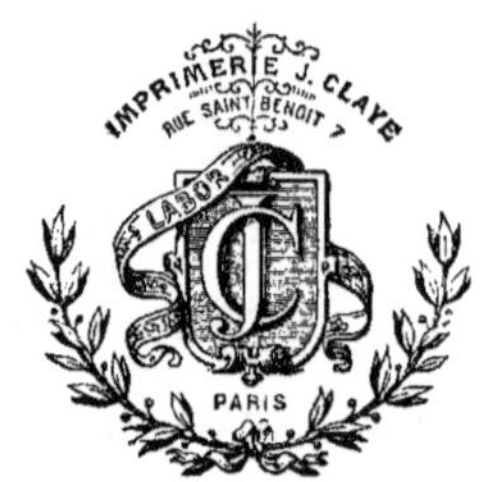

IMPRIMERIE E. J. CLAYE
RUE SAINT-BENOIT 7
LABOR
PARIS

AQUARELLES

PAR

LOUIS ET ALEX. FRANCIA

ET

TABLEAUX MODERNES

VENTE

HOTEL DROUOT, SALLE N° 1

Le Jeudi 27 Avril 1876

A DEUX HEURES ET DEMIE

EXPOSITIONS

PARTICULIÈRE	PUBLIQUE
Le Mardi 25 Avril 1876	Le Mercredi 26 Avril 1876

Me ESCRIBE	M. HARO ✳
COMMISSAIRE - PRISEUR	PEINTRE - EXPERT
6, rue de Hanovre	14 rue Visconti, et rue Bonaparte, 20

CONDITIONS DE LA VENTE

Elle sera faite au comptant.

Les acquéreurs payeront cinq pour cent en sus des adjudications.

———

CE CATALOGUE SE DISTRIBUE

À PARIS CHEZ

Mᵉ ESCRIBE	M. HARO ✳
COMMISSAIRE - PRISEUR	PEINTRE - EXPERT
6, rue de Hanovre	14, rue Visconti, et rue Bonaparte, 20

Louis Francia naquit à Calais en 1772, et dès sa jeunesse annonça de grandes dispositions artistiques.

Envoyé en Angleterre pour terminer son éducation, il se lia bientôt avec quelques chefs de l'école qui a si puissamment influé sur l'art contemporain : il fut l'ami et le compagnon d'étude de Constable, Stanfield, Wilkie, Landseer et Turner, avec qui il faisait de fréquentes excursions sur la côte ; et le dessin portant le n° 1 du Catalogue a été fait à Boulogne en compagnie du grand peintre, qui y figure dessinant au premier plan, ainsi que le constate un mémorandum écrit sur le dos de l'aquarelle par Louis Francia.

Un des *créateurs* de l'aquarelle, qui, à cette époque, n'était qu'un faible lavis, il fut un des fondateurs de la Société des aquarellistes de Londres, en compagnie de Harding, Prout, Fielding, Roberts et toute une pléiade de jeunes artistes qui ont dû beaucoup de leur succès aux conseils toujours bienveillants et désintéressés du peintre calaisien.

Regrettant toujours sa ville natale, et pris d'une véritable nostalgie, Francia quitta un jour la brillante position qu'il occupait à Londres, et revint à Calais, où il rencontra le jeune Bonington ; fils d'un tulliste de Birmingham, lequel témoigna d'une immense et très-comique indignation à l'idée que son fils laisserait un *métier honnête* pour devenir un *vagabond d'artiste*... et injuria à plusieurs reprises le vieux peintre qui l'encouragea dans cette voie en l'aidant de ses conseils.

L'on sait la brillante carrière, trop courte, hélas ! du jeune et illustre Bonington, qui ne cessa jamais de témoigner toute sa reconnaissance envers son ancien maître et ami.

Louis Francia est mort à Calais, à l'âge de soixante-neuf ans, entouré de l'affection et du respect de tous ses concitoyens, qui ont érigé un simple mais touchant mausolée, en souvenir du grand artiste qui n'avait jamais eu une commande du gouvernement ni les encouragements honorifiques auxquels il pouvait prétendre.

Ses aquarelles, si puissantes, si remplies de poésie, sont toutes entre les mains d'amateurs sérieux qui ont le bon goût de ne pas s'en dessaisir. C'est donc une véritable bonne fortune de pouvoir offrir au public un choix de quinze dessins, tous de premier choix, du maître.

Son fils, Alexandre Francia, continue dignement la tradition, et les importantes aquarelles et études que nous soumettons aux amateurs parleront mieux que tout éloge pourrait le faire, en faveur d'un artiste contemporain.

Les ravissants croquis de sir Edwin Landseer ont été faits chez Louis Francia à Calais, de retour d'une excursion au bord de la mer.

HARO.

DÉSIGNATION

AQUARELLES

Par LOUIS FRANCIA

1. — Les Rochers du Portel, près de Boulogne.

H., 0ᵐ,2?. L., 0ᵐ,38.

2. — Marine hollandaise.

H., 0ᵐ,24. L., 0ᵐ,29.

3. — Vue de Calais.

H., 0ᵐ,24. L., 0ᵐ,34.

4. — Le « Shakespeare Cliff » à Douvres.

H, 0ᵐ,24. L. 0ᵐ,34.

5. — Le Port de Dunkerque.

H., 0ᵐ,22. L., 0ᵐ,30.

6. — Le Cap Blanc-Nez.

H., 0ᵐ,22. L., 0ᵐ,34.

7. — Intérieur de Port.

H., 0ᵐ,30. L., 0ᵐ,25.

8. — Plage de Boulogne.

H., 0^m,25. L., 0^m,35.

9. — Rade de Dunkerque.

H., 0^m,24. L., 0^m,28.

10. — Naufrage sur la côte de Boulogne.

H., 0^m,24. L., 0^m,29.

11. — Calais, Vue des remparts.

H., 0^m,17. L., 0^m,25.

12. — Le Pont du Diable, en Écosse.

H., 0^m,35. L., 0^m,24.

13. — Marine; effet de brouillard.

H., 0^m,25. L., 0^m,24.

14. — Plage à marée basse.

H., 0^m,16. L., 0^m,27.

15. — Marine; fin d'orage.

H., 0^m,18. L., 0^m,26.

AQUARELLES

Par ALEXANDRE FRANCIA

16. — Vue de Scheveningen; côte de la Hollande.

H., 0^m,25. L., 0^m,35.

17. — Le Chemin creux.

H., 0^m,28. L., 0^m,20.

18. — Wissant, près de Calais.

H., 0^m,21. L., 0^m,35.

19. — Marais en Hollande.

H., 0^m,22. L., 0^m,35.

20. — Vue d'Écosse.

H., 0^m,24. L., 0^m,34.

21. — Les Dunes à Ostende.

H., 0^m,23. L., 0^m,35.

22. — Vue sur la côte d'Irlande.

H., 0^m,25. L., 0^m,35.

23. — Lac de Killarney, en Irlande.

H., 0^m,32. L., 0^m,47.

24. — Marais de Luines.

H., 0^m,32. L., 0^m,48.

25. — Entrée du port de Calais.

H., 0^m,32. L., 0^m,47.

26. — Sous bois ; étude.

H., 0^m,25. L., 0^m,25.

27. — Plage de Blankenberghe, le soir.

H., 0^m,30. L., 0^m,48.

28. — Marais d'Ardres, près Calais.

H., 0^m,21. L., 0^m,34.

29. — Vue du Portel, près de Boulogne.

H., 0^m,31. L., 0^m,48.

30. — Entrée de bois ; étude.

H., 0^m,35. L., 0^m,25.

31. — Loch Katrine, en Écosse.

H., 0^m,31. L., 0^m,48.

32. — Plage en Flandre.

H., 0^m,32. L., 0^m,48.

33. — Départ pour la pêche.

H., 0^m,28. L., 0^m,48.

34. — Palais de la Reine de Chypre, à Venise.

H., 0^m,31. L., 0^m,48.

35. — Sur le Moërdyck, près Rotterdam.

H., 0^m,43. L., 0^m,70.

36. — Vue de Loch Lomont, en Écosse.

H., 0^m,42. L., 0^m,70.

37. — Vue sur la côte de Normandie.

H., 0^m,28. L., 0^m,47.

38. — Un Gros temps.

H., 0^m,29. L., 0^m,48.

39. — Intérieur de Port.

H., 0^m,32. L., 0^m,48.

40. — Sur la côte d'Écose.

H., 0^m,23. L., 0^m,68.

41. — Chemin dans la bruyère.

H., 0^m,23. L., 0^m,33.

42. — Paysage ; étude.

H., 0^m,21. L., 0^m,34.

43. — Scheveningen ; côte de Hollande.

H., 0^m,70. L., 1^m,25.

44. — Vue prise à Ostende, le soir.

H., 0^m,70. L., 1^m,25.

45. — Bâteaux pêcheurs flamands.

H., 0^m,28. L., 0^m,48.

46. — Vue sur la côte de Normandie.

H., 0^m,20. L., 0^m,34.

47. — Sur la côte d'Écosse.

H., 0^m,30. L., 0^m,48.

TABLEAUX MODERNES

DESSINS ET AQUARELLES

COUDER

48. — Intérieur de cuisine.

Toile. — H., 0^m,56. L., 0^m,43.

COUDER

49. — Fleurs des champs.

Toile. — H., 0^m,65. L., 0^m,82.

COUDER

50. — Le pot de fleurs.

Toile. — H., 0^m,91. L., 0^m,73.

COUDER

51. — Fruits.

Pendant du précédent.

Toile. — H., 0^m,91. L., 0^m,73.

DECAMPS

52. — L'Aumône.

> Vue prise dans le cimetière à Constantinople.
> Aquarelle.
> Signée à droite.
>
> H., 0^m,26. L., 0^m,36.

FRANCIA (Louis)

53. — Plage de Boulogne; ciel orageux. Marine, 1830.

> H., 0^m,45. L., 0^m,55.

HERVIER

54. — La Ruelle des Pourceaux, à Livilliers.

> Toile. — H , 0^m,32. L., 0^m,40.

HERVIER

55. — Marine; soleil levant; marée basse.

> Toile. — H., 0^m,32. L., 0^m,41.

LANDSEER (E.)

56. — Quatre croquis de chiens, lapins, etc.

Mine de plomb.

Chaque. — H., 0^m,12. L., 0^m,18.

LANDSEER (E.)

57. — Setters écossais, en arrêt.

Croquis à la mine de plomb.

H., 0^m,13. L., 0^m,21.

LEROUX (Charles)

58. — Paysage, marine; les îles de la Loire.

Toile. — H., 0^m,59. L., 1^m,00.

MASSARD (Léopold)

59. — Prise de la Smala d'Abd-el-Kader, par S. A. le duc d'Aumale.

Ce précieux dessin rehaussé d'aquarelle, commandé par l'État à M. Massard, a servi de modèle pour la reproduction par la gravure du chef-d'œuvre d'Horace Vernet.

H., 0^m,45. L., 1^m,29.

SCHMETTEAU

60. — Pleine mer.

Signé à gauche.

Toile. — H., 0^m,75. L., 0^m,60.

VIDAL

61. — L'Ange du repentir.

Dessin rehaussé de pastel.

Il est fait mention ce dessin dans : *Encore une histoire vraie,* par Alexandre Dumas fils (Page 164).

Ovale. — H., 0^m,35. L., 0^m,30.

62. — Sous ce numéro les tableaux non catalogués.

PARIS. — J. C AYE, IMPRIMEUR, 7, RUE SAINT-BENOIT. — [757]